ORACIONES Y MISTERIOS
SANTO ROSARIO

Copla por Laila Pita
Revisión y Texto Adicional
por Victoria Rey.

© Calli Casa Editorial, 2012
Yhacar Trust, 2021

Todos los derechos registrados. Prohibida la reproducción total o parcial de esta obra en todo su contenido: texto, dibujos, ideas e ilustraciones de portada, sin autorización por escrito.

www.solonovenas.com
#2500-388

CONTENIDO

Modo de rezar el rosario 5
Oraciones del rosario 7
Señal de la cruz 7
Símbolo de los apóstoles.......... 8
Acto de contrición...................... 9
Padre Nuestro 10
Ave María..................................... 10
Gloria... 11
Jaculatorias................................. 12
Salve 13
Oración... 14
Misterios Gozosos 15
Misterios Dolorosos 16

Misterios Gloriosos 17
Misterios Luminosos 18
Dónde y para qué 19
Antes de rezar el rosario 22
Solo/a o en compañía. 23
Razones para rezar el rosario 24
Orígenes del rosario 25

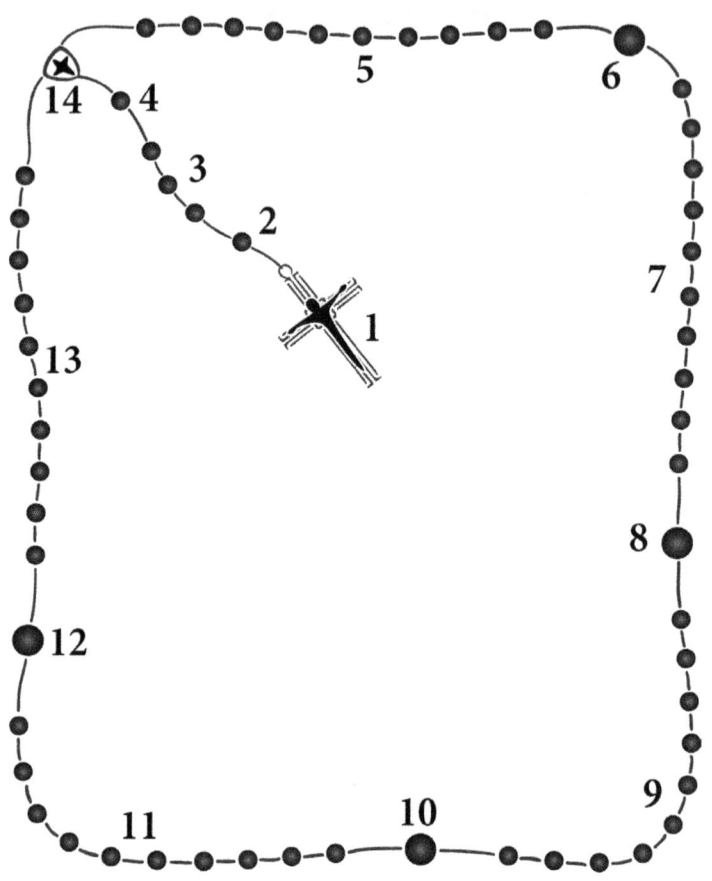

MODO DE REZAR EL ROSARIO

1. Hacer el signo de la cruz y rezar el símbolo de los apóstoles o el acto de contrición

2. Rezar el Padre Nuestro

3. Rezar 3 Ave Marías y Gloria.

4. Anunciar el primer misterio. Rezar el Padre Nuestro.

5. Rezar 10 Ave Marías, Gloria y Jaculatoria.

6. Anunciar el segundo misterio. Rezar el Padre Nuestro.

7. Rezar 10 Ave Marías, Gloria y Jaculatoria.

8. Anunciar el tercer misterio. Rezar el Padre Nuestro.

9. Rezar 10 Ave Marías, Gloria y Jaculatoria.

10. Anunciar el cuarto misterio. Rezar el Padre Nuestro.

11. Rezar 10 Ave Marías, Gloria y Jaculatoria.

12. Anunciar el quinto mis-

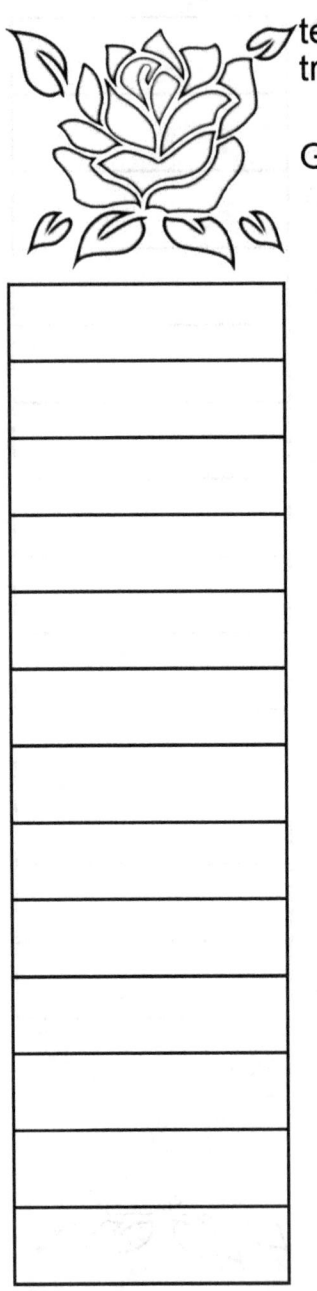

terio. Rezar el Padre Nuestro.

13. Rezar 10 Ave Marías, Gloria y Jaculatoria.

14. Rezar la Salve.

ORACIONES DEL ROSARIO

SEÑAL DE LA CRUZ

✝ Por la señal de la Santa Cruz, de nuestros enemigos líbranos Señor, Dios nuestro. +En el nombre del Padre, y del Hijo, y del Espíritu Santo. Amén.

SÍMBOLO DE LOS APÓSTOLES

Creo en Dios, Padre todopoderoso, Creador del cielo y de la tierra. Creo en Jesucristo, su único Hijo, nuestro Señor, que fue concebido por obra y gracia del Espíritu Santo, nació de Santa María Virgen, padeció bajo el poder de Poncio Pilato, fue crucificado, muerto y sepultado, descendió a los infiernos, al tercer día resucitó de entre los muertos, subió a los cielos y está sentado a la derecha de Dios, Padre todopoderoso. Desde allí ha de venir a juzgar a vivos y muertos. Creo en el Espíritu Santo, la santa Iglesia católica, la comunión de los santos, el perdón de los pecados, la resurrección de la carne y la vida eterna. Amén.

ACTO DE CONTRICIÓN

Señor mío Jesucristo, Dios y Hombre verdadero, Creador, Padre y Redentor mío; por ser vos quien sois, bondad infinita, y porque os amo sobre todas las cosas, me pesa de todo corazón haberos ofendido; también me pesa porque podéis castigarme con las penas del infierno. Ayudado de vuestra divina gracia, propongo firmemente nunca más pecar, confesarme y cumplir la penitencia que me fuere impuesta. Amén.

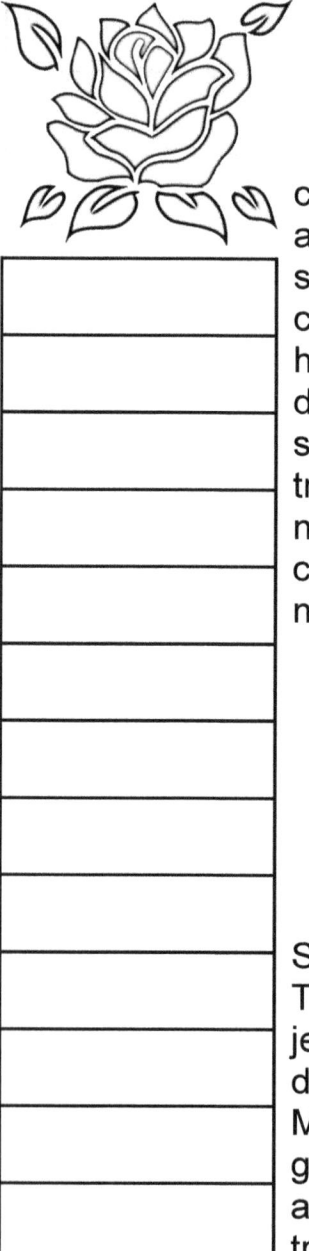

PADRE NUESTRO

Padre nuestro, que estás en el cielo, santificado sea tu Nombre; venga a nosotros tu reino; hágase tu voluntad, en la tierra como en el cielo. Danos hoy nuestro pan de cada día; perdona nuestras ofensas, como también nosotros perdonamos a los que nos ofenden; no nos dejes caer en la tentación y líbranos del mal. Amén.

AVE MARÍA

Dios te salve, María; llena eres de gracia; el Señor es contigo; bendita Tú eres entre todas las mujeres, y bendito es el fruto de tu vientre, Jesús. Santa María, Madre de Dios, ruega por nosotros pecadores, ahora y en la hora de nuestra muerte. Amén.

GLORIA

Gloria al Padre, y al Hijo, y al Espíritu Santo. Como era en el principio, ahora y siempre, y por los siglos de los siglos. Amén.

JACULATORIAS

Puede usarse una de estas dos:

• María, Madre de gracia, Madre de misericordia, defiéndenos de nuestros enemigos y ampáranos ahora y en la hora de nuestra muerte. Amén.

• Oh Jesús, perdónanos nuestros pecados, sálvanos del fuego del infierno y guía todas las almas al Cielo, especialmente aquellas que necesitan más de tu misericordia. (Oración de Fátima).

SALVE

Dios te salve, Reina y Madre de misericordia, vida, dulzura y esperanza nuestra; Dios te salve. A Ti llamamos los desterrados hijos de Eva; a Ti suspiramos, gimiendo y llorando, en este valle de lágrimas. Ea, pues, Señora, abogada nuestra, vuelve a nosotros esos tus ojos misericordiosos; y después de este destierro muéstranos a Jesús, fruto bendito de tu vientre. ¡Oh clementísima, oh piadosa, oh dulce siempre Virgen María!

Ruega por nosotros, Santa Madre de Dios, para que seamos dignos de alcanzar las promesas de Nuestro Señor Jesucristo.

ORACIÓN

Omnipotente y sempiterno Dios, que con la cooperación del Espíritu Santo, preparaste el cuerpo y el alma de la gloriosa Virgen y Madre María para que fuese merecedora de ser digna morada de tu Hijo; concédenos que, pues celebramos con alegría su conmemoración, por su piadosa intercesión seamos liberados de los males presentes y de la muerte eterna. Por el mismo Cristo nuestro Señor. Amén.

MISTERIOS GOZOSOS
(lunes y sábado)

1. La Encarnación del Hijo de Dios.

2. La Visitación de Nuestra Señora a Santa Isabel.

3. El Nacimiento del Hijo de Dios.

4. La Purificación de la Virgen Santísima.

5. La Pérdida del Niño Jesús y su hallazgo en el templo.

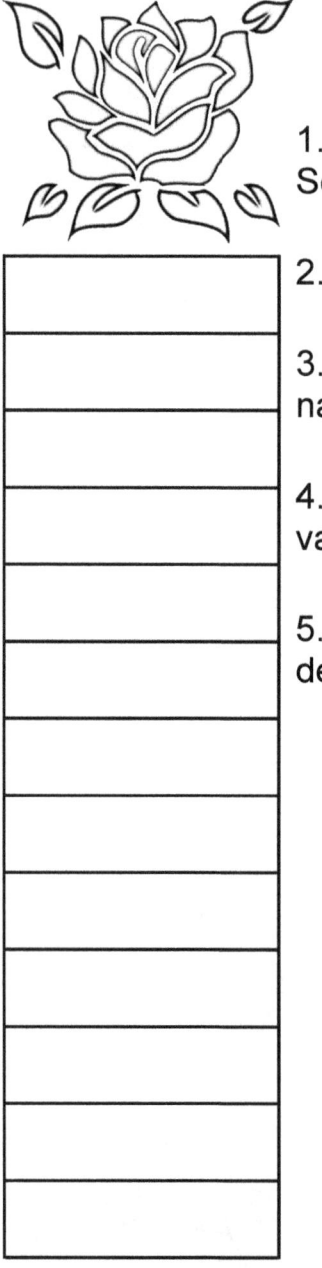

MISTERIOS DOLOROSOS
(martes y viernes)

1. La Oración de Nuestro Señor en el Huerto.

2. La Flagelación del Señor.

3. La Coronación de espinas.

4. El Camino del Monte Calvario.

5. La Crucifixión y Muerte de Nuestro Señor.

MISTERIOS GLORIOSOS

(miércoles y domingo)

1. La Resurrección del Señor.

2. La Ascensión del Señor.

3. La Venida del Espíritu Santo.

4. La Asunción de Nuestra Señora a los Cielos.

5. La Coronación de la Santísima Virgen.

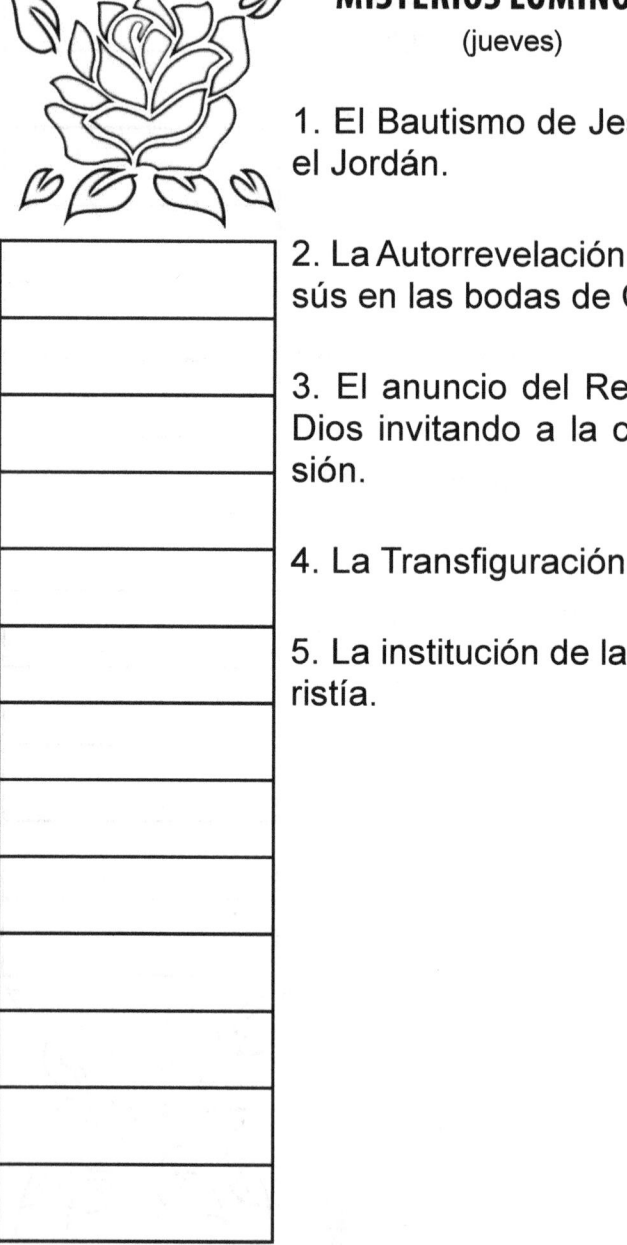

MISTERIOS LUMINOSOS
(jueves)

1. El Bautismo de Jesús en el Jordán.

2. La Autorrevelación de Jesús en las bodas de Caná.

3. El anuncio del Reino de Dios invitando a la conversión.

4. La Transfiguración.

5. La institución de la Eucaristía.

DONDE Y PARA QUÉ SE REZA EL ROSARIO.

El rosario es una conmemoración de la vida de Jesucristo y la Virgen María.

Se puede rezar a cualquier hora del día o de la noche.

Se reza para hacer una petición.

Para calmar una ansiedad.

Para recuperar la paz en el hogar.

Para agradecer las bendiciones que se tienen.

Para pedir por un enfermo.

Para pedir por la propia salud.

Para superar vicios.

Para superar un reto.

Para vencer una tentación.

Para vencer emociones negativas.

Para pedir perdón a Dios.

Para pedir perdón a una

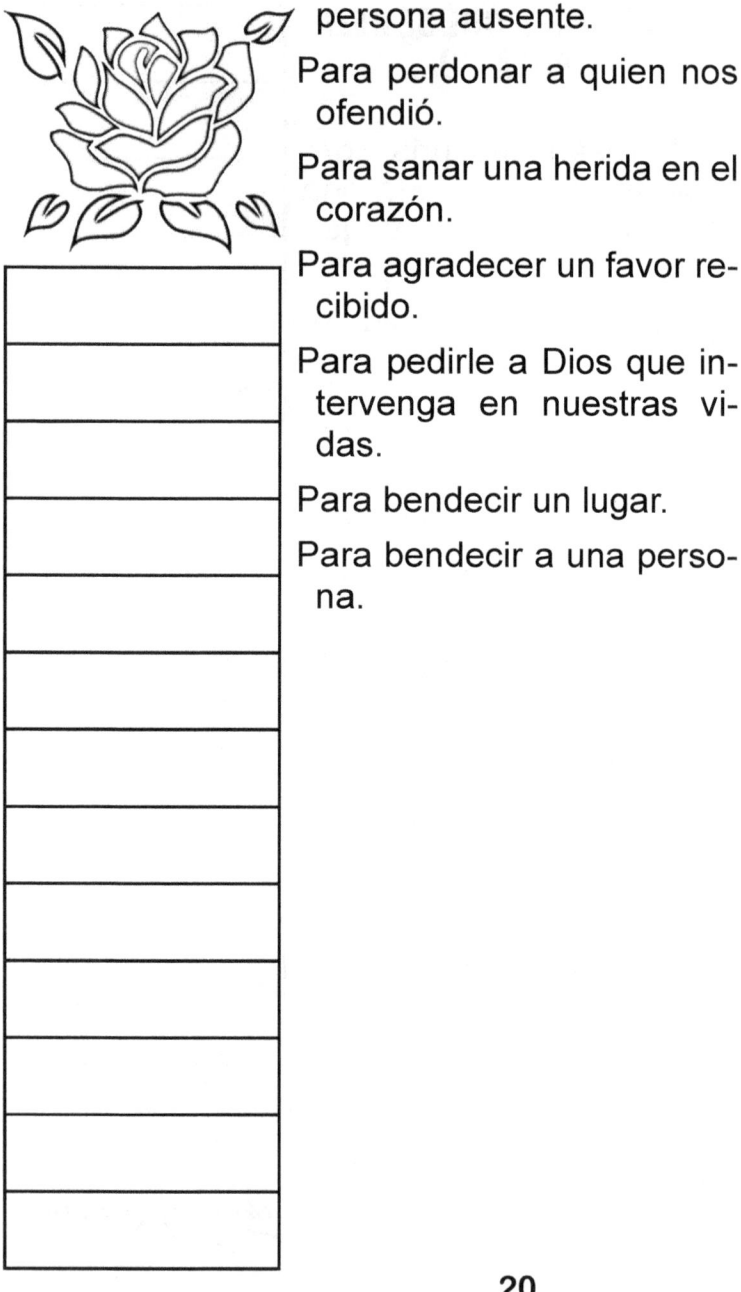

persona ausente.

Para perdonar a quien nos ofendió.

Para sanar una herida en el corazón.

Para agradecer un favor recibido.

Para pedirle a Dios que intervenga en nuestras vidas.

Para bendecir un lugar.

Para bendecir a una persona.

Para bendecir a un recién nacido.

Para despedir a un ser querido que partió hacia la luz.

Para estar cerca de Dios.

Para conectarse con el Espíritu Santo.

Para pedir que no nos falte casa, vestido y sustento, el día primero de cada mes.

El rosario se puede rezar por cualquier motivo y también sin motivo.

ANTES DE REZAR EL ROSARIO

Haga un momento de meditación.

Enfoque sus pensamientos en el propósito de este rezo.

Si desea, puede destinar una libreta para registrar los rosarios que rece.

Cada vez que rece el rosario, anote en una página la fecha y el propósito de su rosario.

De vez en cuando regrese a leer lo que escribió y vaya agradeciendo las bendiciones recibidas.

SE PUEDE REZAR SOLO/A O EN COMPAÑÍA.

Para rezar el rosario se recomienda buscar un lugar donde la persona o personas que lo van a rezar, se sientan en paz.

Se ponen en modo silencioso los teléfonos para no ser interrumpidos.

Se aquieta el espíritu.

Se aquieta la mente.

Se dice la primera oración.

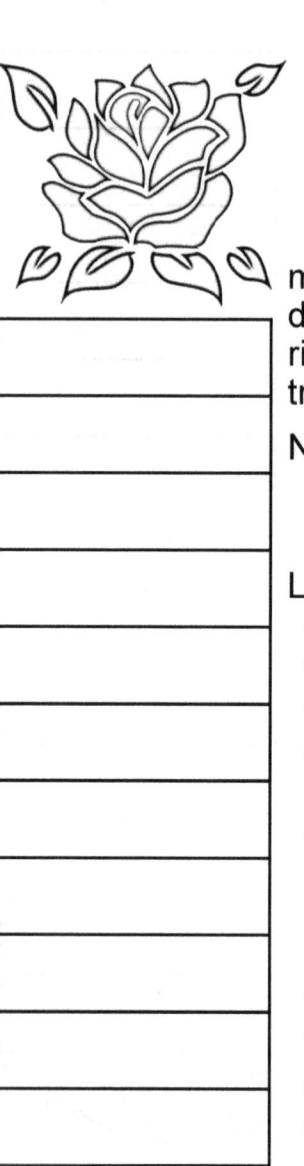

RAZONES PARA REZAR EL ROSARIO

Las oraciones contenidas en el rosario son muy poderosas. Nos ayudan a elevar nuestro espíritu hacia donde se encuentra el creador.

Nos acercan a su luz y nos permiten sintonizarnos con su energía.

Las oraciones contenidas en el rosario nos permiten entrar en una forma de trance donde tenemos la oportunidad de parar todo pensamiento perturbador y nos deja aislar todo lo que no nos sirve para poder conectarnos con bienes y bendiciones que vienen del creador. Es una forma de dejar que sea Él quien maneje nuestras vidas.

ORÍGENES DEL ROSARIO

El Santo Rosario (del latín rosarium «rosal») es un rezo tradicional católico, que conmemora veinte «misterios» de la vida de Jesucristo y de la Virgen María, recitando después de cada uno de ellos un Padre nuestro, diez Ave Marías y un Gloria.

Los misterios son:

Gozosos,

Dolorosos,

Gloriosos y

Luminosos.

También se llama «rosario» a la sarta de cuentas que se utiliza para rezar el Rosario. Las cuentas están separadas cada diez por otras de distinto tamaño y la sarta está unida por sus dos extremos a una cruz. El rosario comenzó a utilizarse en el catolicismo

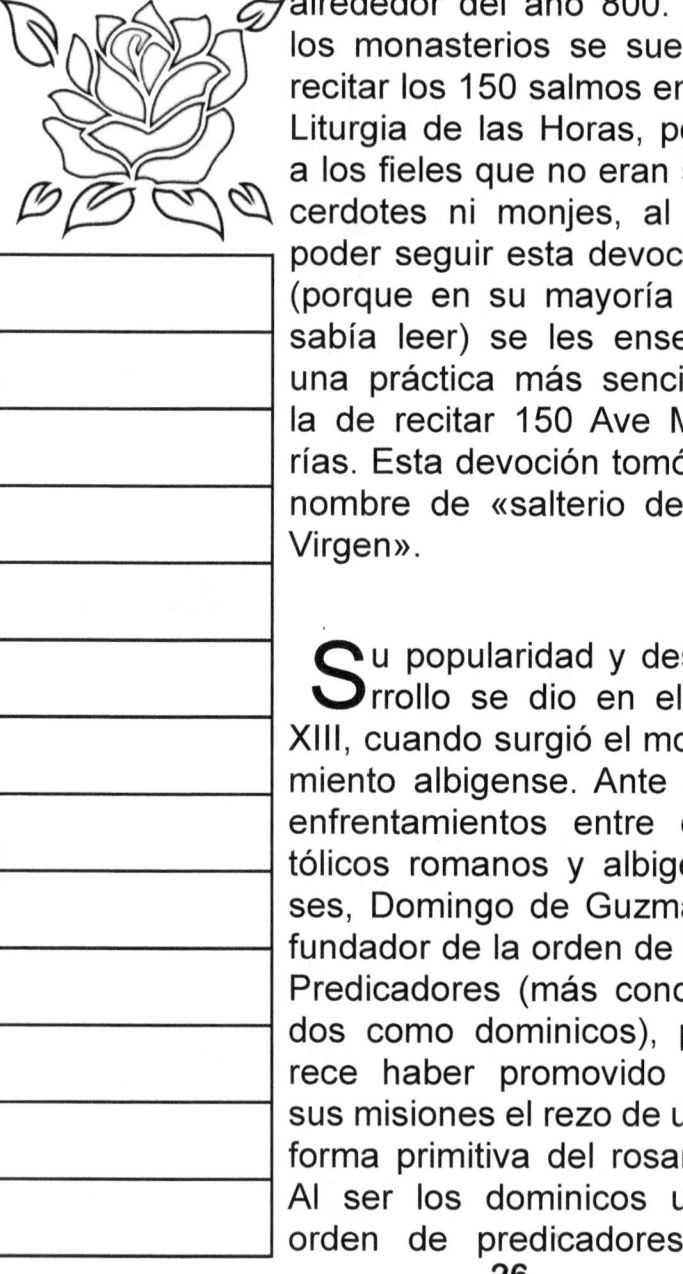

alrededor del año 800. En los monasterios se suelen recitar los 150 salmos en la Liturgia de las Horas, pero a los fieles que no eran sacerdotes ni monjes, al no poder seguir esta devoción (porque en su mayoría no sabía leer) se les enseñó una práctica más sencilla: la de recitar 150 Ave Marías. Esta devoción tomó el nombre de «salterio de la Virgen».

Su popularidad y desarrollo se dio en el s. XIII, cuando surgió el movimiento albigense. Ante los enfrentamientos entre católicos romanos y albigenses, Domingo de Guzmán, fundador de la orden de los Predicadores (más conocidos como dominicos), parece haber promovido en sus misiones el rezo de una forma primitiva del rosario. Al ser los dominicos una orden de predicadores y estar siempre en medio del pueblo, su devoción se hizo popular, generando la aparición de cofradías y grupos de devotos por doquier, junto con relatos de milagros que acrecentaron su fama.

Papá Dios: que tu sabiduría nos guíe; que tu luz ilumine nuestro camino; que tu amor nos de paz; que tu poder nos proteja, y que por donde quiera que caminemos, tu presencia nos acompañe. Gracias Papá Dios que ya nos oíste. Amén.

www.ingramcontent.com/pod-product-compliance
Lightning Source LLC
Chambersburg PA
CBHW070633150426
42811CB00050B/293